# ¡Adiós!

## por Patricia Walsh
## ilustrado por Carol Inouye

## Scott Foresman

Oficinas editoriales: Glenview, Illinois • New York, New York
Ventas: Reading, Massachusetts • Duluth, Georgia
Glenview, Illinois • Carrollton, Texas • Menlo Park, California

Voy a tomar fotos para un nuevo libro
sobre animales que viven en los pantanos.
Hace mucho tiempo que no hemos ido a
los pantanos. ¿No te da nostalgia?
¿Quieres venir y ayudarme? ¡Genial!
Ponte las botas de montaña y trae tu
cámara. Yo también llevo la mía.

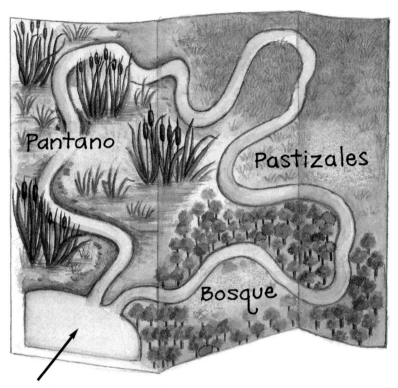

Pantano

Pastizales

Bosque

Estacionamiento

Este mapa indica la ruta que vamos a seguir. Vamos a atravesar tres zonas. ¿Las ves en el mapa?

Primero vamos a cruzar una zona pantanosa, luego los pastizales, y vamos a terminar nuestra excursión en el bosque. ¿Qué crees que vamos a ver en los pantanos?

En las mañanas de primavera, claras y sin niebla, es bueno salir de excursión temprano. No hagamos ruido. Tal vez veamos algo en la orilla de este lago. Vi algo. ¿Ves lo mismo que yo?

Hay un ave muy alta en el agua. Es una garza azul. ¿Le ves el pico amarillo? Le sirve para cazar los peces y las ranas que se come. De cuando en cuando se pone a graznar. Es casi tan alta como tú. Las garzas hacen sus nidos con palitos.

¿Tienes lista la cámara? Vamos a tomarle una foto antes de que se vaya volando.

Bienvenida, garza. ¡Clic! ¡Adiós!

Vamos a ver quién más vive en esta laguna. No hagamos ruido. Si nos quedamos en este puente, tal vez veamos algo. Vi algo. ¿Ves lo mismo que yo?

Veo un animal peludo de color café nadando en el lago. Es una almizclera. Mide casi un pie de largo. Su delgada cola también mide casi un pie. Se alimenta de tallos de eneas, juncos y hierbas de la laguna. Las almizcleras hacen sus madrigueras con eneas. El nido está en medio de la madriguera.

¿Tienes lista la cámara? Vamos a tomarle una foto antes de que se vaya nadando.

Bienvenida, almizclera. ¡Clic! ¡Adiós!

Sigamos el camino que bordea la laguna. No hagamos ruido. Tal vez veamos algo en la orilla. Escucho algo. ¿Escuchas lo mismo que yo?

¡Plich-plach! ¡Plach-ploch!

Mira, hay un desfile de patos reales en el lago. Juguetean con el agua. Mamá pata es de color café. Papá pato tiene la cabeza verde y una franja blanca alrededor del cuello. Los patos se alimentan de arroz, hierbas de la laguna, semillas e insectos.

¿Tienes lista la cámara? Vamos a tomarles una foto antes de que mamá pato esconda a los patitos detrás de los arbustos.

Bienvenida, familia de patos. ¡Clic! ¡Adiós!

Tomemos el camino que atraviesa los campos verdes. Tal vez veamos algo entre las hierbas del pantano. Oí algo. ¿Oyes lo mismo que yo?

Es un mirlo de alas rojas. ¡Es un ave muy ruidosa! Les está diciendo a todos que ésta es su casa. Es negro con brillantes manchas rojas en los hombros. La hembra y las crías son de color café terroso. Los mirlos adultos miden casi nueve pulgadas de largo. Hacen su nido con hierbas de la marisma o con carrizos.

¿Tienes lista la cámara? Vamos a tomarle una foto antes de que nos vea y se vaya.

Bienvenido, mirlo. ¡Clic! ¡Adiós!

Tomemos ahora el camino que lleva al bosque. Tal vez veamos algo allí.

Vi algo. ¿Ves lo mismo que yo?

¡Shhh! Es una cierva de cola blanca, muy
quieta y callada. ¿La ves? En la primavera
su piel tiene un color café rojizo. Por debajo
la cola es blanca. Se alimenta de plantas,
hierba, hojas, ramitas, beyotas y otros frutos
secos del bosque. Empieza a comer cuando
ya es tarde y sigue comiendo durante toda
la noche.

   ¿Tienes lista la cámara? Vamos a tomarle
una foto antes de que se vaya corriendo.

   Bienvenida, cierva. ¡Clic! ¡Adiós!

Aquí termina la excursión. Lo hemos pasado genial esta bonita mañana de primavera, atravesando a pie todos estos lugares. Tuvimos suerte de ver tantos animales. Estoy ansiosa por ver las fotos. ¿Cuál fue el animal que más te gustó?

¡Aquí están las fotos! Mira, ésta es la garza azul, ¡qué alta! Y ésta es la ajetreada almizclera. Aquí está el desfile de patitos jugueteando en el agua. Éste es el mirlo de alas rojas en el nido. Y ésta es la cierva silenciosa de cola blanca.

¿Cuál foto de los animales que viven
en los pantanos es la que más te gusta?